人生と選択

西園寺昌美

白光出版

人生と選択　目次

人生と選択

人生と選択

（二〇〇四年三月二十三日　和歌山講演会）

人生は思い通りになるか否か

皆様、こんにちは。ようこそお出ましくださいまして誠に有難うございます。こうした一期一会《いちごいちえ》の集いを持てますことを、大変幸せに思っております。

本日は、人生と選択についてお話しさせていただきたいと思います。

人生というものは本当に人さまざまです。

なぜあの人はうまくいって、自分はうまくいかないんだろう。
なぜあの人は幸せで、自分は不幸なんだろう。
なぜあの人は頭が良くて、自分はいくら勉強してもいい学校に入れないんだろう。……

人はみな異なった環境、異なった人生を歩んでいます。そしてうまくいく人といかない人がいます。

しかし、私がまず申し上げたいことは、〝人生は思い通りにならない〟という考えは間違いであるということです。人生は常に自分の考えた通りに運ばれてゆくものであって、自分自身が望まなかったことは、決して自分の人生の上に現われてこないということです。

いや、私は不幸を選んだわけではない。
病気を欲したわけではない。
離婚を欲したわけではない。
でも、どうしても不幸になってしまう。
健康でありたいと思いつつも、病気になってしまう。
この人とうまくいきたいのに。
この会社に行きたいのに。
なぜ自分の思った通りの人生が歩めないのだろう。……

そのように思われる方もいらっしゃると思います。
それに対して、

いや、思い通りにならないのが人生なのだ。仕方がないのだ。

そう思って諦めている、それが現代人の生き方であると思います。

そのような生き方を変えるために、私は今、全国各地を廻らせていただいております。

何と偉そうなことを言っていると、皆様はお思いになるかもしれません。しかし偉そうなことを申し上げているつもりは決してないのです。ほんの少しだけ、皆様が体験しておられない体験をした結果です。そしてほんの少しだけ、自分で責任を持って人生を選択した結果、このような現在の私が存在しているわけでございます。

私は、五井昌久先生の後継者としてこの道を歩み始めたわけですが、なぜ私がそのような道を歩むことになったのか――本日はそのことを中心にお話しさせていただきます。私の体験談をお聴きになって、皆様お一人お一人が人生の中で何を選択していくか、その焦点を少しずつ絞っていかれ、ご自分が生きる道を摑んでいただければ幸いに存じます。

人生とは自分の選択の積み重ね

私が五井先生と縁を得たのは十五、六歳の頃でした。当時は両親から大事に育てられ、多くの友達に囲まれて、何の悩みも不自由もない人生を送っておりました。

しかし、十八歳の時に人生は一変します。父の実家は沖縄でしたが、ある日、その沖縄に、私を連れて帰ると突然父が申しました。当時は太平洋戦争の敗戦後で、アメリカ占領下の沖縄へ行くにはパスポートが必要でした。私はまるでアメリカに旅行するようなつもりで、ウキウキしながら父に連れられて沖縄に参りました。

でも沖縄に行く前、五井先生にその報告をした際、先生は「行かないほうがいい」とおっしゃったのです。しかし私は選択を変えませんでした。父が「連れて行くよ」と言った、その言葉を選択しました。

それに対して五井先生は何もおっしゃいません。個々人の自由と自己選択を尊重されるからです。もし私がその時、五井先生の言うことを聞いていたら、私の人生はまた違ったものになっていたことでしょう。

さて、私は父と共に沖縄に行きました。そしてひめゆりの塔に参りました。ひめゆりの塔をご存知の方も大勢いらっしゃると思います。アメリカと日本が上陸戦を行なった際、戦争で傷ついた人たちを少女たちが一生懸命に看護した場所でございますが、アメリカ軍が沖縄を次々に制圧してゆくにつれ、悪い噂が飛び交うようになりました。そして手榴弾などの攻撃や自決により、多くの人々が命を失っていったのです。

そのみたまが祀られているのが、ひめゆりの塔でございます。そこに行ってお参りをしようとした瞬間、私の体はかつてない状態に陥りました。

父が「早く来い。人が見ているぞ」と私を促しているのに、体が硬直して、壕《ごう》跡《あと》に足を一歩も踏み入れられなかったのです。そのうちにわけが分からなくなって失神してしまいました。

次に私が目を開けたのは、ホテルの自室でした。すぐに五井先生にお電話を掛けると、先生は「一刻も早く帰っていらっしゃい」とおっしゃいました。でも、私はそれも選択しませんでした。父には次のスケジュールがありましたから、私もそれがすべて済んだ後に帰ったのです。

そのようにして沖縄から帰ってきましたが、体調は快復せず、学校の体操の時間に倒れたり、電車の中で倒れたりするようになりました。それこそ突然気を失ってしまうのです。そのような状態が続き、病院へ行くと、脳腫瘍《のうしゅよう》で余命半年と宣告されました。

五井先生は私に「それは脳腫瘍じゃないよ」とおっしゃいました。「先祖のさまざまなものを背負ったのだよ。だからそれを浄めれば治る」と。

ところが当時の私にとっては「どうして私が先祖の霊を浄めなきゃならないの。そんなわけの分からないものを背負って……」と理解が出来ません。やがて父は私を病院へ行かせ、手術することとなりました。

その時、私は初めて自分で選択をしたのです。これは手術をしても半年の命と言われている。私は自分の人生を、責任を持って選択しました。

「手術しようか？　いや五井先生に従おう！」

これが私にとって決定的な運命の選択となりました。家族はびっくり仰天し、父などは私に土下座をして「どうぞ手術を受けてください」と申しました。父はいわゆるインテリで、新興宗教などは全く馬鹿にしていましたし、親戚もみな反対しました。

でも母だけは私の味方になって、「あなたが行くというのなら、どうぞそのようにしなさい」と言ってくれました。そして私はついに、自分の責任で「死ぬも生きるもお任せしよう」と五井先生の下に行きました。

そこから三ヵ月間、苦しい日々が続きました。身体が食べ物を全く受け付けず、どんどん痩せていきました。周りの人々は私を見て「いつ死ぬだろう」と思っていたはずです。それでも私は寝つかずに、五井先生のいらした道場へ行って、いろいろな会員さんがいらっしゃる中、青い顔をして座っていました。そのような状況にあっても五井先生はケロッとして「大丈夫。君がどんどん先祖の因縁を消していけば治る」とおっしゃいました。先生は不安恐怖を一切持っておられず、私の母に対しても「大丈夫」という絶対なる信念を持って接しておりましたから、母もそれ程心配しておりませんでした。

その間、私はさまざまな霊的な体験を致しました。目が見えなくなるにつれ、反対に目には見えない霊魂が見えるようになりました。戦争で傷ついた者たちが、救われんがためにしがみついて来るのです。例えて言うならば、真っ暗闇の中に街路灯を置いておくと、虫が一杯来ますね。そのようにたくさんのものが寄ってきました。そのたびに私の体は苦しくなり、がんじがらめになり、自分でもどうしようもない状況に陥りました。

そのたびに五井先生はお浄めしてくださり、「苦しい時に逃げるな。ただただ祈りなさい」とおっしゃいました。

今でこそ、私には沖縄で犯してきた先祖方の因縁を背負わなければならない天命があったのだと理解できますが、その時は判りませんでした。「なぜ私はこういうことになったのだろう。なぜこんなに苦しまなくてはならないのだろう。今まで何にも悪いこともしていないのに、なぜ私が……」という気持ちがありました。しかし目に見えない阿鼻叫喚《あびきょうかん》の人たちは、私に否応なくしがみついてくるのです。もう逃げたくて、でも逃げれば逃げるほど覆い被さってきました。

その時に五井先生は「前へ一歩進め！　逃げずに受容《じゅよう》せよ！」とおっしゃってくださいました。そこで私も「もうどうなってもいい！」と一歩前進したら、それまでの苦しみ、嫌な状況が、パアーッと一瞬でなくなってしまったのです。

五井先生はさらに「世界人類が平和でありますように、そのみたまたちが幸せになりますようにと祈るのだ」とおっしゃいました。私はただただ「その人たちが幸せでありますように」と祈りました。すると傷ついた者たちは光り輝いて、最後には合掌して自分の行くべき霊界や神界へいらっしゃいました。私は自らの選択を通して、そのような体験をしたのであります。

日々どのような感情を発するかも、ある種の選択

なぜ私がここで、このようなお話をしたかと申しますと、要するに人生とは日々瞬々、自分が何を選択し、何を決定して行動に移すか、その連続だということをお伝えしたかったのです。

「私は病気を選択していないのに、なぜ病気になるんだろう」と思う方もあるでしょう。けれど、そのもっともっと奥を辿っていくと、見えてくるものがあります。現在の自分が意識して病気を選択していなくとも、心の奥では病気になっ

たほうが何かと都合がいいとか、人がもっと大事にしてくれるだろうとか……自分でも知らないうちに、何気なくそういう想いを発しているのです。あるいは病気を恐れるあまり、病気に把《とら》われる場合もあります。また、過去世の因縁もあります。しかし、自分ではそれを一瞬にして忘れてしまうものなのです。

人間の心には、日々瞬々、あらゆる感情が湧いてきます。つい今さっきまではいい気分だったのに、誰かが来たら急に憎らしくなる。夫が帰ってきたら急に怒りが出たり、子どもが帰ってきたら急に叱りたくなったりします。

人間の心は一瞬で様変わりし、自分の心を常に一定に、平和に、幸せに保つことがなかなか出来ないものです。お金や物が手に入ったら急に幸せな気持ちを味わい、嫌な人が現われたら突然イライラと不平が出てくる。自分の前を通り過ぎてゆくあらゆる人、物、事柄……常にその影響を受けて、自分が揺れ動いてしまうわけです。

でも、それは違うのです。本来、人間というものは、どんな状況になろうと、どんな人が来ようと心を一定に保つことが出来る。それが人間なのです。

本来の自分は何にも動じない光り輝いた存在です。その本来の自分がいつどのような選択で目覚めるかはわからない。ですから、プロセスだけを見て正しいとか間違いとかは、誰にも言えないのであります。

守護霊守護神が必ず守っている

私の体験談に戻りますが、私はその後、今度は人の未来が見えるようになりました。いわゆる霊能者のような状態です。人の運命がどんどん見えるようになり、「あなたは病気になる」「あなたは事故に遭う」と言うようになりました。聞いた人はびっくり仰天です。しかし私は、それを自分でコントロールできないのです。五井先生は私を叱りました。「自分で自分をコントロールできなくて、何が人間だ！　霊能者ではなく霊覚者になりなさい」と。そして私を人々から隔離して修行させました。

それで結局、私は病気が治ったのですが、治癒の最終段階では臨死体験をしたのです。吐き下し、自分の手や足から生命力がずーっと出ていってしまって、最後に心臓に至りました。私は「死ぬってこんなに楽なんだ」と思いました。その部屋の窓からは太陽が見えます。「太陽ってなんて気持ちがいいんだろう。なんて暖かいんだろう。とろけるようだな」と思いました。

するとふいに太陽が自分に向かって落ちてくる気がしました。そして「あっ、落ちる。大変」と思った瞬間、私は太陽と一つになり、そうして守護霊様、守護神様に出会ったのです。

「お前は一回死ななければならなかったけれど、神様方と相談した結果、やはりこの肉体界に残して役目を果たさせることになった。お前はこれから、あらゆる人間には守護霊、守護神が付いているということを、人々に知らせなさい。そして我々守護霊、守護神は、人間が危険な時には必ず守り、いい選択が出来るように導いていているのだ。常に人間を愛し、守っているものだということを、人々に知らせなさい」

そのような使命を授けられ、私は生命を頂き直したのです。

それからというもの、私は「守護霊様、守護神様がどんな時もあなた方を守っているのです。ですから守護霊様、守護神様に、想いを向けてください。何かあった時に、守護霊様、守護神様、よろしくお願いしますと祈れば、運命はよいほうへ導かれるのです」とお話しすることが使命となりました。

守護霊様というのは、亡くなったお母様やお父様、ご先祖様やおじ様やおば様、友人など、自分と大変ご縁の深い方々です。その方々が必ず自分を守ってくださっている。しかも、守護霊様、守護神様は遠い世界から守っているのではない。自分たちのすぐ近くで守っておられるのです。私たちは三次元の世界に生きているけれど、三次元と四次元の世界は螺旋状《らせんじょう》になっており、その二つの次元が同時に存在する所に守護の神霊はいらっしゃいます。そのようにして、常に私たちを見守ってくださっているのですから、私たちが守護の神霊に思いを向ければ、神霊方はさらに守りやすくなり、運命もよいほうへ導かれてゆくわけです。

今までと違う選択をすれば、新しい未来が訪れる

それを信じるか否かも一人一人の選択です。すべては自分の選択の結果なのです。不幸な人は自分でも知らないうちに、無意識のうちに自ら不幸を選んでしまっています。反対に、どんな時でも、どんな瞬間でも意識を変え、選択を変える

ことによって、自分の人生を幸せなものに変えることが出来るのです。すべては今この瞬間の選択です。このことを皆様に申し上げたいがために、私の体験談をお話しいたしました。

かつての私がそうであったように、予言者や霊能者はいます。「あなたはこうなりますよ。こういう未来が待っていますよ」と言う人には、確かに相手の未来が見えるのです。なぜ見えるか。相手が日頃、何を想い、何を考え、何をしつづけてきたか、どんな人生を送りたいか……相手が常に発しつづけている想いが見えるからです。

多くの人は想いの九十九パーセントを無意識に発しています。嫌だな、イライラ……朝起きた時から否定的な想いや言葉を発していることが多いのです。今朝の状況を振り返ってごらんになってください。「夫に感謝よ」「○○ちゃんいい子ね。頑張ってらっしゃい」とおっしゃった方もいらっしゃることでしょう。しかし人類の多くは「忙しい」「今日は出掛けるのが嫌だな。また会社に行って嫌な同僚に会うの嫌だな。あの社長に会うの嫌だな」「体が辛いのに、起きなきゃいけない」と思うことが多いのではないでしょうか。

起きた瞬間から否定的な環境が、自分の意識の中に入ってきます。そして「嫌だな、辛いな」という想いがどんどん湧いては消えてゆきます。しかし、それらは消えたのではなく新たな因になる。そこで原因が創られているのです。人はみな、朝起きた瞬間からさまざまな想いを発して未来の原因を創っています。

現状は、過去の自分が創った原因が、縁を得て結果として現われているのです。そしてその結果により湧き出た想いが、新しく未来を創る因となります。

ですから、相手のオーラや想いを見れば、「この人は病気に不安や恐怖を抱いている。ずっとそこにエネルギーを注ぎつづけてきたのだ」ということがわかるため、未来に待っているビジョンが見えるのであります。今現在、健康であるのに、今現在、病気ではないのに、病気を心配しつづけていたら、未来に病気を引きつけてしまいます。疑いがずーっと晴れないと、いつかそれが人生に現われてしまいます。

いい想いを瞬間瞬間発すれば、人生は幸せなものに変わるのです。それなのに、過去に把われてしまっていつも人を信じられない。いつも悪く言う。いつも駄目だと思う。こういう想いが未来の人生を設定しているということを、多くの人は判らない。真理が判っていないのです。

それは個人の人生だけではなく、人類全体の運命にも影響しています。

「戦争は仕方がない。大統領が決めたんだもの。国がそうするのだもの。いくら自分が反対したところで何も変わらない」

その一人一人の想い、意識が戦争を選択し、環境汚染を選択しているのです。自分の想いは自分の人生を決めると同時に人類や地球の未来までも決めてゆきます。一人一人の想いが影響して、未来に運ばれてゆくのです。自分という存在がたくさん集まって、膨大なエネルギーを創り上げ、地球を未来へと運んでいっているわけです。

ですから一人一人の想い、意識を変えることがいかに大切であるかということを申し上げたいのです。日頃発しているオーラや想いは蓄積されて消えていないのですから。

しかし、間違ったことを思ってはいけない、と申しているのではございません。

間違った想いは誰でも出しています。それはいいのです。肉体を持っていれば腹も立つし、悔しい想いもするし、嫉妬心も沸くし、憎しみもあるでしょう。自分はなんて能力がないんだろう、なぜ自分は認められないんだろう、あいつはずるい、俺は認められないのに……。あらゆる不平不満が出てもいい。出てもいいけれど、それを自分自身で消さなければいけません。どこかで自分が消していかなければいけないのです。

想いは未来を創るエネルギーです。仮に想いや感情が収まったとしても、それで終わりではないのです。その感情は生きたエネルギーです。その当人が発した状況の現実化に向けて、想いのエネルギーはその任務を果たしてゆくのです。

普段、発する想いをいかに一つ一つ慎重に選択しなければならないかがお判りいただけたと思いますが、仮に間違った想いを発しても、それをきれいに消して、そればかりか、その想いをきっかけに、さらに運命をよいほうへ導く方法があります。それが「世界平和の祈り」[注1]です。

例えば文字を書く場面を想像してください。「春らしくなった」と書こうとして秋と書いてしまった。その場合、間違えた部分を消しゴムで消して、きれいに春と書き直せばよいですね。

また、縫い物を間違えたら、ほどいてまた縫い直せばきれいになります。

では、想いを間違えた場合は、どうやって消したらいいのでしょう。

間違った想いに気づいた時に「今、自分の中の間違った想いが機縁を得て現われた。でも現われたからには必ず消えて、これからよくなるのだ。世界人類が平和でありますように。守護霊様、守護神様よろしくお願いします。有難うございます」「世界人類が平和でありますように　無限なる光！」[注2]というふうに祈ればいいのです。この祈りは消しゴムのように間違った想いを消して、光明の想いに書き換えることが出来ます。それればかりか、世界を平和に導いてゆくのです。

「世界人類が平和でありますように」はなぜ素晴らしいか

悪い言葉や想念。これは相手に向けるものだけではなく、自分に向けるものもあると思います。

自分は駄目だ。自分には能力がない。自分は落ちこぼれだ。自分は何をしても駄目だ……と思いつづけている人は、そのように自分を創造していっているのです。瞬間的に思い、平気でそれを言葉にすると、それは自分が忘れてしまってもエネルギーが残っているのです。それを手放していかなければ。

そのために「世界人類が平和でありますように」という祈りがあります。想いを消さなければそれは実現します。原因はやがて結果になる。これはどんな宗教でも言われていることです。原因は結果になる。自分が撒いた種は自分で刈り取る。これは真理です。

では、なぜ「世界人類が平和でありますように」という祈りが自分自身と人類の救いになるのか。

祈りというものは、誰でも始めは自分が幸せであるように祈ります。健康であるように祈ります。それから自分の愛する家族を祈ります。夫が幸せであり、子どもたちが幸せであるようにと。

そして自分の好きな人たちも祈ります。お祖父様やお祖母様も、親戚も。そうすると、時間がいくらあっても足りません。朝から晩までずーっと、名前を連ねていかなくてはならなくなります。

「世界人類が平和でありますように」、この一言の中には、自分を含め、愛する家族を含め、全人類の幸せが入っているのです。と同時に、嫌いな人、絶対に自分では「あんな奴祈ってやらない。俺をここまで追い詰めた奴。あいつが幸せになるなんてとんでもない。あいつは地獄へ行けばいいんだ」と憎しみを持っている人も含まれています。「私の夫を奪った愛人」など、嫉妬心と怒りでその人の幸せなど到底祈れないと思っている人も含まれています。

自分が絶対に祈れない、許すことも出来ない、認めることも出来ないと思っている人も、「世界人類が平和でありますように」の中に含まれているのです。愛する人も愛せない人も、善人も悪人もテロリストも……人類すべてが入っているのです。

本来の光り輝いた自分、どんな想いにも動じない自分は、すべての人の幸せを願っています。その本来の自分の願いと一つになれる祈り、大真理に基づいた祈りだからこそ、素晴らしいのです。

どういう人が正しい人で、どういう人が間違った人か。それは人間が決めることではないのです。神様は、人類一人一人に自由を与えてくださった。創造力を与えてくださった。その自由と創造力を駆使して人間は進化創造を果たしていく、すべてはプロセスです。

人間は自由意志とイマジネーション（想像）を使って人生をクリエイト（創造）しています。それに対して、あの人のやり方は間違っているわ。あの人の生き方は正しくないよ。あの人はおかしいわ……一瞬現われた一部分を見て正しいか間違いかの判断を下せるかもしれませんが、生まれてから死ぬまでの間に人はどのように変わるか、それは誰にも分かりません。

今正しい人が、数年後には殺人犯になってるかもしれないのです。どんなに人のために尽くし、人類のために捧げた人も、最後に妻が裏切ったと言って殺すかもしれない。ある時点でもって正しい、間違いという判断は誰にも出来ないのです。

往々にして人間というものは、自分の価値判断で正しい、間違いを決めてしまいます。しかし、大真理に基づいて見るならば、善悪はないのです。自然の法則に従って、必ずいつかは真理に目覚める時が来る。だからいかなる人も赦せるのです。待てるのです。

間違いだとかいいという判断を下すのではなく、祈るのです。

愛を、赦しを、真理を与えるのが、祈りなのです。

祈りを選ぶか、自分の意見、価値判断を主張するのかは個人の選択です。

難民がいる。たくさんの飢えた子どもたちがいる。紛争が起きている。可哀相だ、何かしてあげたいと思う。

本当にそう思えば何か出来るはずです。しかし結局、多くの人はその選択をしないのです。自分一人がしたって何の役にも立たないだろう。みんなやらないのだから仕方がない。そのようにして、自分の幸せのみ、自分の欲望のみを自分で選択していくのです。

しかし、戦争を止めたいと思ったなら、今この瞬間、「止めよう！」「命を奪うことは悪いことだ」と一人立ち上がり、二人立ち上がり、三人立ち上がり……そのようにして民衆が結集すれば、政治を動かすことが出来るのです。全人類が立ち上がれば、一瞬にして戦争が平和に変わるわけです。そして皆が欲望を減らして可哀相な人のために結集したならば、即、教育がなされ、飢え死にする人たちはいなくなるのです。

多くの人はその選択をしない。する必要がないと思っています。なぜなら誰もしていないからです。その一人一人が変わることが大事です。

「世界平和の祈り」をしていれば、選択も変わる

今現在も人知れず世界を救っている人たちがいます。

「世界人類が平和でありますように」この祈りは五十年前より地球上にプールされて、今は地球を取り巻くように、世界各国各地で鳴り響いています。

「世界人類が平和でありますように」この祈りはすごいのです。自分の人生の選択をする際、この祈りを祈っていれば真理に基づいた選択が出来るので、今までの間違っていた選択が、自然に真理の選択となるのです。

「世界人類が平和でありますように」[注3]「人類即神也」誰もが神なのだ。今までは選択が間違っていた、真理を知らなかった。どうか真理に目覚めますようにと祈ってあげること。それは人類に光を発する愛の行為です。真理のバイブレーションを発することによって、自分の人生を選択する時に、無意識に欲望を選択する

ことはなくなります。自分の利害損得を超えた、一番魂が喜ぶこと、人類のためになること、環境が平和になることを選んでしまうのです。そして自分の人生が変わってしまうのです。喜びにあふれ、輝いた顔になり、病気が癒される。素晴らしい人生になるのです。

ですから、日頃の一瞬一瞬の選択が大切なのです。魂が喜ぶこと、真理なるものを選択していけば、絶対に不幸になるはずはないのです。病気になるはずもない。事故に遭うこともないのです。無限なる愛、無限なる赦し、無限なる感謝、無限なる能力が自分自身の中から湧き出てくるのです。

幸せになるための選択の基準

最後に。自分の想い、思考が自分の人生を決定し、創造します。良い悪いは関係なく、どんなことでも自分で決定を下せることがすごいことなのです。想いは必ず現実に降ろされ、人生を創造するのです。あらゆる情報、あらゆる選択肢の中で自分が何を選んでいくかが自分の人生を決め、同時に人類の人生をも巻き込んでいくのです。

幸せになるための一つの選択の基準を申し上げます。自分の利害損得、欲望や世間体で選ばないこと。人に悪く思われても、世間が何と言おうと、両親が反対しても、自分の自由なる意見、自由なる意志で自らの信ずるよき選択をすること。その選択は必ず、素晴らしい結果を生みます。そして「世界人類が平和でありますように」「我即神也。[注4]私は本来神なのだ。神は悪いことを認めない。人類の不幸は願わないのだ。世界人類が平和でありますように」と思って選択すれば、必ず今までの状況が——病気であり、不幸であり、悲哀を選択していた状況が、必ずいい方向へ転換してゆくのです。

一人一人はすごいのです。自分自身を疑うことだけは止めましょう。自分の能力を疑い、自己を否定することはいけません。誰もが素晴らしい能力を平等に持って生まれてきている。今自分が生きているということは、自分の人生を自分で創造しているということです。他と同じ生き方をする必要は全くないのです。人からいい人と思われる必要もないのです。人から立派な人だと思われる必要もないのです。両親の期待に沿うこともありません。自分の思った通りに生きるのです。自由に自分がしたいことを選択するのです。

「しよう」という意志があれば、必要なお金はその意志によってついてくる。人もついてくる。あらゆる能力がついてくる。ついてくるということは、本来自分の中にあるものが目覚めて、ワァーッと湧き出てくるということです。

ですから「しよう」と思ったら、本当にやってみてください。必ずついてきます。ついには夫が協力する。子どもが協力する。友人が協力する。また、自分が本当にやりたいことならば、どんなに働いて努力しても、苦しみとは感じないはずです。どんどん出来ていくことの喜びが自分をもっと輝かせ、もっと大きな希望へと向かわせます。

今までどれだけ人間は、無駄なエネルギーを使ってしまったか。無駄な時間を使ってしまったか。人のことを気にしていては駄目です。人のための人生ではありません。自分の人生なのです。人から良く思われたい、あの人は素晴らしい人ね、あなたは立派ねと思われるために選択し、人生を創ったら、いつか苦しんでしまいます。自分の一生は何だったんだろう？　自分は何をしてきたんだろう？と。

自分の人生は、自分の好きなように生きればいいのです。そして最後に自分で責任を取ればいいのです。どんな苦労があっても、好きな道だったら自分で責任が取れるのです。しかし、人から勧められた道は、自分で責任が取れません。あの人がやったから、親が勧めたから、あの人の命令だから、世間がこう言うから……と他のせいにしてしまい、責任を取ろうと思えないのです。

あなた方の未来は、確かにあなた自身の想いによって描かれているので、それを予測することは出来ます。しかし、今この瞬間、意識して想いの方向を変えれば、違う人生を今ここから発することが出来るのです。

「我即神也、世界人類が平和でありますように」というように、いいことのみを考えてください。「世界人類が平和でありますように」という祈りの中には全人類の幸せが含まれています。

そして自分自身を改めて尊敬してください。自分を愛してください。自分を本当に尊いものだと思ってください。そこから始めるのです。

自分は駄目だと思った時から不幸が始まります。その意識を変えていくのです。出来る。やってみよう。そうやって一歩進めること。それは「世界人類が平和でありますように」でもいいし、「自分は出来るのだ。今まではチャンスがなかったけど、今からやってみよう」という意識でもいいのです。今ここから自分の人生は変わります。

どうも有難うございました。

宗教がなくなる日のために

（二〇〇四年一月二十四日　鹿児島講演会）

本来、宗教は必要ない

私は講演会でいつも申し上げるのですが、人類一人一人が自分の神性について、自分自身について本当に分かった時に、宗教はこの世からなくなると思います。宗教は本来、この世に必要ではございません。困難が起きた時に誰かに頼り、縋り、祈って苦しみをクリアしていくのを宗教と言うならば、宗教は全く間違っております。

宗教とは本来、人間がどのように生きていくべきかを学ぶものです。困難があろうとも、苦しい時があろうとも、自らの力を発揮してそれを乗り越えるためのものです。その時に沸々《ふつふつ》と湧き上がる〝出来た〟という喜びは、他の人が自分の困難や苦しみの状況を解決してくれた時とは比べ物にならないほど、何にも代えがたき至福なのであります。その至福を味わいながら人間は成長していくものであるし、そうでなければならないと思います。

ですから願望成就や欲望達成であったり、あるいは困難を誰かに解決してもらうための宗教ならば、日本人が宗教アレルギーになるのも致し方ないことです。

しかし、そういう宗教を作り上げてしまったのは、他ならぬ日本人一人一人の責任であると思います。それらを放っておく、黙って見過ごしてしまう、自分とは関係ないと思っている。その傍観的な姿勢が知らないうちに、間違った宗教団体が力を増す遠因となっているのです。そして宗教団体が大きな事件を起こした時に、初めて皆どうだこうだと言いますが、そのように導いたのは日本人一人一人であります。

人類すべてを幸せにする祈り

地球は一つであり、生命は一つにつながっております。ですから自分さえよければ、自分さえ幸せであればというのは間違っています。他が不幸せであろうともよいというのは、もう少し、祈りや真理を学んでいただかなければいけないと思うのです。

ここで五井先生のみ教えについてお話しします。

第二次世界大戦後、日本人の多くがすべてを失った時代に、五井先生は霊覚者となられました。そして提唱されたのが「世界人類が平和でありますように」という大きな祈りだったのです。

この「世界人類が平和でありますように」という祈り言葉は誰でも――どんな小さな子どもでも、どんなお年寄りでも、いかなる人種、民族、宗教も超えて誰もが願うことであり、いわば人類の究極的な願いが易しい言葉で表わされています。

これは祈れば願望が成就される、病気が治る、お金が入る、良いポジションに就ける、権力が得られる……そのような欲望達成の祈りではありませんが、五井先生は「自分の幸せを祈ってもいい、でもその最後に世界人類が平和でありますようにをつけなさいね」とおっしゃいました。それにより、私たちの意識は個人的な小さな願望から人類的な願いへと導かれ、その愛のひびきによって、いつしか苦悩も消え去っていったのです。

また、五井先生は決して他の宗教を批判も非難もなさいませんでした。宗教はそれぞれあってていいんだ。どんな宗教も必要があってこの世に存在しているのであって、もし非難する人があれば、その宗教に入らなければいいじゃないかとおっしゃっていました。ですから「どの宗教も入らない。白光真宏会にも入らない」と思っておられる方もここにいらっしゃると思いますが、白光真宏会は全く自由です。入ろうが入るまいが関係ございません。

ただ皆様の心の中にある、自分以外の人のことを思う気持ち——世界人類を見回してみると、私たちとは比較にならないほど虐げられ、差別されている人々がたくさんおられます。その中で何か自分たちに出来ることはないかと思った時に湧いてくるもの、それが本当の祈りであると思います。

祈りというものは、限りなく神に近づいていくためのものです。欲望深き自分が少しでもピュアになるように、少しでも人のために役立つようにと祈るのです。嫉妬心や憎しみや怒りや不平不満が湧いてきて、自分ではそれをどうすることも出来ない。その心の葛藤、複雑な感情想念をきれいにして、美しく清らかな神のような人間に成らしめたまえ、というのが本来の祈りです。そしてその祈りを通して他の幸せ、他の平和に貢献させていただく、それが祈りであります。

ですから、祈りは神に向かって——宗教を嫌いな人は神と言わなくても、大法則でもいいですし、宇宙の法則でもいいですし、大自然でもいいですし、創造主でもいいのです。そうした言葉は人間が決めたことであって、ありとあらゆる名前がついていますが、その大いなる存在に向かって近づいていく、そういう真理を自分のものとして、自らが自らを導いていく、それが本来の祈りであります。

五井先生が唱えられたのは「消えてゆく姿で世界平和の祈り」[注5]というものです。

これはどういうことかと申しますと、肉体を持って生きている以上、悩みのない人はいません。苦しみのない人もいません。悲しみが全くゼロの人もいません。本当に恵まれて幸せなだけという人もいません。死なない人もいません。病気にならない人はいるかも知れませんが。

要するに、肉体をまとってこの世に生きるということは、何がしかの生老病死《しょうろうびょうし》、生きる苦しみ、老いる苦しみ、病気になる苦しみ、死ぬ苦しみを抱えながら生きているということです。これは誰もが全く同じ条件でこの世に誕生してきました。ですから「自分だけが不幸だ、自分だけが苦しみや悲しみを背負っているんだ。あの人は幸せそうに見えるのに」と思うのは、少々間違っているのです。

他と比較して、自分だけが苦しい、自分だけが悲しい、自分だけが駄目なのだというのは正しくございません。みな人に言わないだけ。人に隠しているだけです。小さなことを大きく言う人もいれば、大きなことを小さく言う人もいて、千差万別、人それぞれ異なっています。それもまた個々の人生です。

ですから他と比較した自分など本来存在しないのです。あくまでも徹底して自分を見つめ、自分自身を知ることが大事です。自分は何のために生まれてきて、何をしたいのか。皆、いろいろな環境に縛られている。今ここにいらっしゃる方も、あらゆる条件に縛られて生きておられる。その中でいかに自分らしさを発揮し、自分の人生を創造していこうかというのが人生であるわけです。

自分の人生は自分で創る

一番大事なことを申し上げます。人間にとって何が一番の苦悩なのでしょうか。皆様も胸に手を当てて考えていただけたらと思います。自分にとって何が一番の苦しみなのでしょうか。病気への苦しみ、貧困への苦しみ、職を失うことへの苦しみ、子どもがちゃんとした道を行かないことへの苦しみ。

苦しみの条件とは何でしょうか。どうしてその苦しみが作られるのでしょう。それは人それぞれ異なりますが、根本的にはもともと自分の中にあった、抑圧された苦しみが、さまざまな理由によって引き出されているわけです。ですから真理をだんだん知っていけば、苦しみが苦しみではなくなり、一時的に自分の上を通り過ぎていく雲のようなものと感じられるようになるのです。

人生は自分の心次第でいくらでも変わるのです。しっかり目標が定まった人は、決して苦しみを苦しみとは思わないのです。それを知ることが真理を知るということなのです。

真理とは何かというと、宇宙の法則です。宇宙の法則を知ることが、苦しみから自らを解放していく道となるのです。

無知という言葉があります。知っていて罪を犯すことは重く、知らずに犯す罪は軽いと思うでしょうが、真理から見れば、無知ほど重き罪はございません。無知ということは、自分はそれを知ろうともしなかった。それに対して努力をしようとも思わなかったということです。

自分自身で作り上げた苦悩を他に解決してもらう。偉い人に教えてもらう。宗教に縋ろう。お祈りをしてもらおう。それによって一瞬、その苦しみから逃れることは出来ます。けれども本当に自分の意識が変わらなければ、また同じ状況が訪れるのです。むしろその苦しみを自らの力で乗り越えられなかった、その分だけもっと負荷がかかった苦しみが訪れます。その時にまた同じように神様に縋り、ご利益に縋り、霊能者に縋り、あらゆる状況に縋ったのなら、その瞬間はよくてもまた同じことの繰り返しです。

「お祈りしなさい。神に縋りなさい」「神様助けてください。神様、神様、お願い、助けて、助けて、神様……」と縋る念力でも、本当に全エネルギーを集中して祈った場合、それは一時的に叶います。そのことを疑わずに念じれば、どんなレベルであれ、本当に自分が信じたことは百パーセントこの世に現われます。これは真理の法則であって、宗教はもはや関係ありません。宗教で祈ったから治るという問題ではなく、自分が念じたこと、自分が一パーセントも疑うことなくそうなるであろうと思うことは、その通りに引きつけられるのです。

あなたの人生はあなた自身が創造していくものであって、あなたの人生はあなたの親が創造しているものでもなければ、あなたの上司が創造しているものでもなければ、あなたの子どもが創造しているものでもない。あなた自身が創造しているものなのです。

「いや、そうじゃない。私の結婚だって親が決めたんだ。親がこの人と見合いさせて、これで良いと決めたんだ」そう思うかもしれません。しかし、従ったのは自分です。その時「いや」と言えなかった自分が決めたのです。自分の意志を押し殺し、抑圧させて他の意見を通してしまった人生なのです。それも自らが創った人生であって、親が自分の人生を創ることは出来ないのです。全部自分の選択、決定によって決めたのです。

人生というものは全部自己の責任によって創られていくものです。ですから、病気が起こり、苦悩が起こり、悲しみが起こった場合には、自分がどこか真理から外れてしまったことに気づくための契機、一つのメッセージなのです。

今、病気になった。「あなたはちょっと暴飲暴食し過ぎです」。胃が悪くなった。「昨日の夜飲みすぎたら、ちょっと胃が焼けた」。これは一目瞭然ですぐに答えが出ます。原因結果の法則です。原因があってこそはじめて結果が出る。原因がなくして結果は現われない。結果が現われるということは、必ず自分の中に原因がある。その原因を他の中に見出そうとするのは違っている。それは真理を知らない人です。真理をこれから学んで、コツコツ小さな努力をして、自分自身の運命を修正していくことが大事なのです。

苦悩の原因は執着

本題に戻しますが、苦悩の一番の原因は〝執着〟です。これが解けたらどんなに自由になるでしょうか。一人一人が無執着になったらどんなに素晴らしい人生を生きていかれるでしょう。

お金に執着する人。病気に執着する人。アレルギーに執着する人。自分の子どもに執着する人。先祖代々の家や土地に執着する人。そして自分自身への執着……これが一番多いと思います。執着とは把われです。いつも自分が自分に把われている。自分、自分。何かが起これば心配、心配。何かが起これば不安、不安。何かが起こればどうしよう、どうしよう。

その不安や恐怖やイライラは、外から一つのものが現われて、自分の中を通過した時に発生するものです。つまり外から現われてきた現象のように感じられます。しかしその原因はあくまでも自分です。

例えば百万円入ってくると思っていたのに十万円しか入ってこなかったら、不平不満が起こります。しかし自分が何にも執着していなかったらどうでしょうか？　自分や他人への過度の期待がなかったら、不満は残るでしょうか？　自分の心が乱れるのは、たいてい人が関係しています。ある人と出会ったがために「あの人は嫌。あの人に私は何と思われているか分からない」という不安や葛藤《かっとう》を覚えます。それから環境によって心が乱される場合もあります。争いが絶えない家族の中に生まれてきてしまった自分、その状況や環境によって自分自身が揺り動かされます。

自分がその想いを手放せば、人間は本当に自由になるのです。自分が執着していることによって、自分自身が束縛されているのです。

束縛をしているのは夫かもしれない、子どもかもしれない、仕事かもしれない。これをしたいのにと思っても、それが出来ない。私はこれをしなければいけない。子どものお弁当を作らなければならない。姑の世話をしなくてはならない。仕事をしなければならない、これをしなければいけない。

しかし、それがあるから出来ないと思っているのは自分です。諦めの中から人生が始まっているから不平不満が絶えないのです。本当は心をちょっと変えれば出来るのです。自分で自分を縛っている心をちょっと外してあげれば、それも他から外してもらうのではなく、自分から進んで外してしまえば、自分の世界はワーッと広がってゆきます。新しい道が広がっていくのです。

消えてゆく姿で世界平和の祈り

朝は何時に起きて顔を洗って、食事をして会社に行く。子どもの世話をする。ボランティアをする。昼間になったらお掃除、洗濯して昼食を摂って、また会社に行って、やっと終わったら同僚と飲みに行ったり、それから子どもが帰って来る、夕食の世話をする。それで、テレビを見て寝てしまう。刺激も喜びもない同じ状況が、毎日繰り返されていく。

そうしたマンネリの中では、人間というものはだんだん燻《くすぶ》ってしまいます。「あれもしたい、これもしたい、こういうふうになりたい、こういう勉強もしたい。でもお金がない。時間がない」。ないないずくめの中で「仕方がないのよ、私は。こういう状況だから。こういう環境だから」と諦めて、ますます燻っていってしまう。

そうした抑圧されたエネルギーは、自分の中に蓄積されているのです。一瞬一瞬の想いというものは、どんどん蓄積されていきます。ふっと思って消えたからといって、一瞬にしてなくなると思ったら大間違いです。

尤も抑圧されたエネルギーは、いつもはコントロールされています。「これはやってはいけないことだ、これは避けなければいけないことだ」と。しかし、消えたのではなく抑圧されているのですから、いつかそのエネルギーはバーッと爆発してしまうのです。

これが事故を起こしたり、病気を起こしたり、相手と喧嘩になって闘争になって離婚沙汰になったり、子どもを虐待したり……マイナスの想念がマイナスの状況をもたらすのです。

これらは偶然外から起きた状況だと思うかもしれません。事故も「相手が悪い、こっちはきちっと信号を守り、速度を守り、自分には悪いところはない」と思うかもしれません。でも、それは因縁因果の関係で、相手がぶつかるような原因を自分がつくってしまっていたのです。自分で自分の知らない内にマイナスのエネルギーが溜まりに溜まって、誰かを通して事故として爆発させたのです。

天変地異も人類一人一人の抑圧されたエネルギーなのです。

しかし、長い間蓄積されたものが一瞬でなくなったわけですから、これから考え方を新たに光明思想に変えていけば、もう悪いものを引きつけたり悪い現象を起こすことはないのです。それが五井先生の「消えてゆく姿で世界平和の祈り」です。

五井先生のみ教えは、自分の人生に起こる苦しみや悲しみや痛みや辛さや病気は、前生の因縁——前生だけとは言わなくても今生のあらゆる否定的な想念が消えてゆく時に起こる姿である。その時に「これで消えたんだ」と思い、「今からよくなる」という善念を起こせば、真の救いを体得できるというものであります。

そして「そうか、相手に原因があるのではなく、自分に原因があるのだ。自分の中にイライラや不平や不満や怒りや嫉妬心など、否定的なエネルギーが溜まっていたから起きたのだ。それらは私に真理を教えるために出てきてくれたのであって、もう自分の中に抑圧されたエネルギーはない。これから良いエネルギーに変えていこう。消えていったからには良いことが起こる。絶対に良くなる。絶対にこれから素晴らしくなる。必ず自分は変わるんだ」と、光明思想に変えればよいということなのです。

それが「消えてゆく姿で世界平和の祈り」です。これで良くなる、有難う。そして自分だけが幸せになるのではなく、私のこの苦しみを通して、同時に世界で同じように苦しんでいる人たち、悲しんでいる人たち、真理が判らない人たちにも光が届きますように。みなが平和で幸せでありますように」と祈るのが、「世界人類が平和でありますように」なのです。このように祈りつづけることによって、二度と同じような苦しみが現われなくなるのです。

執着を手放す

執着を手放せば、その時から人生は変わるのです。自分の苦しみや痛みは、自分自身を余りにも庇《かば》い過ぎるから生まれるのであります。余りにも自分のことばかりを思い過ぎて、自分に把われ、それにより自分の人生を逆に縛りつけて不自由にさせてしまっているのです。

その執着をまず取るのです。しかし、取るというのは難しいことだと思うでしょう。どのように取ったらよいのか。

そのためには、人のために尽くせばいいのです。自分の時間やお金や労力や想念を、出来るだけ人のために与えるようにする。人のために有効に使う。「私には五分の時間しかない」と思っても、その五分の時間で「ちょっと子どもを預かって見てあげるわ」と言ってみる。すると人の役に立っている喜びが心に湧いてきて、本心が輝くのです。

執着をしている時というのは、自分中心の考えに陥っています。人のことはどうでもよい、自分の病気が治ればよい。しかしそれは、自分の病気に執着していることになり、病気の波動で自分を覆ってしまいます。

ですから人のために尽くすことによって、自分の執着している心から少しずつ離れていくわけです。そういう意味で「世界人類が平和でありますように　日本が平和でありますように」という人類的な大きな祈りを捧げることによって、結果的には自分自身の人生も素晴らしく輝いてくるということになるのです。

苦しみのある時こそチャンスなのです。今までの過去がどうであれ、今の瞬間こそが、過去の苦しみや、過去の生き方が本当に消えて、輝かしい人生を歩める第一歩でもあるのです。どんな人にも自由に自分を変える、意識を変えるチャンスが与えられています。そのチャンスを自分がどのように使うかによって、人生が変わってくるのです。

過去から解放される「世界平和の祈り」

世界平和の祈りというものは、過去の一切を手放すための方法です。祈った瞬間過去が消えて、大きな人生へと意識が導かれます。

「世界人類が平和でありますように、日本が平和でありますように、世界の人たちが幸せでありますように」と祈った時に、自分の小さな願望からふっと心が自由になります。するとその分だけ苦しみや悲しみから解き放たれ、祈りの中で消えてゆくのです。

苦しみを与えているのは他でもない、自分自身です。これが判っただけでも大きな意識変革です。どんなことがあっても、赦しと感謝と光明の言葉を使いつづけていけば、必ず自分も相手も両方幸せで明るく輝かな生き方が出来るようになるわけです。

自分という存在には、この地球において役割があります。自分のためだけの命ではなく、自分のためだけの人生でもなく、必ず世界と関わりあっています。

家族の中で、グループの中で、たった一人でもいい。平和を愛する人がいれば、それは影響を与えていくのです。

人類がマイナスの意見を地球上に放ちつづけていたら、今に地球上は自浄力がなくなって、人類の不満のエネルギーが天変地異となって地上を襲います。それは誰のせいでもありません。一人一人が言葉に気をつけることによって、世界を天変地異から救うことが出来るのです。

体験を通して無限の力を引き出す

私たち一人一人は、誰にも真似できない自分だけの人生、自分だけの体験を持っています。その体験が尊いのです。それが苦しいことであろうが、辛いことであろうが尊いのです。そして、それを真理に沿って乗り越えることが出来たら、どれほど自分の人生に、そして地球によい影響を及ぼすことでしょう。同じような体験でも、過去の時間のあり方、人格のあり方、それからバックグランドや宗教……すべて違います。あらゆるものが積み重なった一つの体験ですから、解決する時も自分なりの答えが出てくるわけです。

体験の通り抜け方は千差万別ですが、一つ一つ体験を積み重ねてゆくことによって自信が出てきます。自分にも出来るのだと。

人類一人一人にその力があるのです。自分の前に出てきたことは、どんなことでも自分に乗り越える力があるのです。もう自分にはないなんて思わないでください。やろうと思えば、意識があれば出来るのです。

それは全人類に与えられた創造力、無限なる能力です。神様と同じ能力が私たちにはあるのです。でも、多くの人は自分の能力を発揮する以前に「政治家に聞こう、宗教家に聞こう、霊能者に聞こう、それから教授に聞こう」と他に意識を向けてしまう。そうやって自分の素晴らしい力をどんどん人に与えてしまう。権能の力を人に与えれば与えるほど、自分では決められない人間になってゆくことに気づいて欲しいのです。その時は答えを与えられたとしても、その縋《すが》った分だけ自分の力を失っていっているのです。

批判すると、自らの聖なる部分は削り取られてゆく

幸せになる秘訣は他に権能の力を与えないこと。そして人の批判をしないこと。

非難が口から出た場合、自分の聖なる部分、崇高なる部分、生命の部分を削ってしまっているのです。その削ってしまったものが他に悪影響を及ぼしてゆく。何気なく無差別に喋っている不平不満や怒りや嫉妬といった否定的な言葉は、自分から他人へと、次から次へと汚染してゆくわけです。そして結果的に、その汚染を自分が被《こうむ》るのです。それと同時に自分の聖なる部分をどんどん失ってゆく。失ってゆくからこそもっと弱くなるし、もっと弱くなれば自分のエネルギーは全部マイナスの方向に使われていってしまう。

批判するのも執着するのも、自分の生命のエネルギーを使っているわけです。皆様、百カロリーのエネルギーをもらうとしたら、その百カロリーはどのように使いますか。「ああ、あの時ああしなければよかった。ああ、こうしたいな」と悔いる時にもそのエネルギーは使われてしまいます。それに対して、「必ず良くなるんだ。自分は変わるんだ。一つ一つ体験して、こう変わる。そして自分の世界も変わる。必ず良くなるんだ。世界人類が平和でありますように。人類即神也。そうだ、印を組もう」と思えば、そこに神の無限なるエネルギーが加味されて、百カロリーのエネルギーは二百カロリー、三百カロリーのエネルギーとなって自分に返ってくるため、善なるエネルギーがどんどん溜まってゆくのです。

世界平和のために祈り、人のために祈り、人に感謝し、人に愛を与える。自分の時間を人のために過ごすことによって、自分の聖なる部分はさらに光り輝き、オーラはさらなる輝きを放つようになる。すると、大勢の人たちから本当に感謝され、いつの間にか自分の人生はより良い素晴らしいものに変わってしまうのです。

祈りで自分の願望成就や欲望達成をするのが宗教ではないのです。本来の宗教はそういうものではないのです。本来の宗教は自分を見つめる、そして自分自身を高め上げていく。より大きく、より豊かに、より愛深く、より赦しをもって、そしてより人類のために働ける自分を創り上げていく。それが真の宗教なのです。そして一人一人がそれぞれ自分を高め上げていけるようになったら、この世から宗教はなくなります。宗教は一つの文明文化となり、かつてはこういう宗教があったという形で歴史に残ることでしょう。宗教をなくすためにあなた方が必要なのです。未だに宗教に頼って、宗教戦争を起こしている人たちのために「世界人類が平和でありますように」と祈ってくれる大切な器を神様は必要としていらっしゃるのです。

全人類から見ればほんの少数の人たちが世界を大きく変えようとしています。その光明の意識を放っているのが皆様方の存在なのです。ですから私は「世界人類が平和でありますように」という祈りを捧げてくださっている方々に感謝しておりますし、会に入る入らないは全く問題なく、どの宗教、どの世界に入っていようとも「世界人類が平和でありますように」という祈りを捧げてくださいましたなら、どんなに有り難いか分かりません。

その皆様の祈り、存在が必ずや世界を大きく変えていくことでしょう。

奇跡を自分で起こす

（二〇〇四年十月四日　伊勢原講演会）

奇跡とは自分の内からほとばしる力

今日は皆様お一人お一人の中にいかに素晴らしいエネルギーが、素晴しいパワーが、素晴らしい能力が秘められているかをひも解いてみたいと思います。

奇跡というものがございます。例えばイエスが盲人の目を開かせた奇跡。歩けなかった者を歩かせた奇跡。素晴らしいお話の数々を皆様もご存知のことでしょう。

しかし、九十パーセント近くの方はこう思っておられるはずです。それはイエスのような特別な方だから起こせたのであって、奇跡は自分では起こせないものだと。

本当にそうでしょうか？

当時は大勢の方がイエスの話を聞きに来ていたはずです。同じ悩み、同じハンディをかかえた方もおられたと思います。さらにはもっと悪い状況の方も存在しておられたはずです。

では、なぜ彼らだけに奇跡が起きたのでしょうか？　イエスのような光そのものの真理を説かれる方が、なぜそこに集まってきた人に平等に奇跡を起こそうとはなさらなかったのでしょうか？　イエスなら全員に奇跡を起こせたはずです。しかし、そこにたくさんの証例はなかった。数人が奇跡を起こしたという記録があるだけです。それに対して多くの方は何の疑問も抱かず、すごいな、いいなと思っておられます。

フランスにあるルルドの泉もそうです。医者から余命数ヵ月と宣告され、もはや何の治療法もない。そんな時、ルルドへ行こう、ルルドへ行けば奇跡が起こるかもしれない。そして船に乗り、飛行機に乗り、ルルドの泉で病気が癒《い》える。

なぜある人たちには奇跡が起き、ある人たちには何も生じないのでしょうか？そこには何か決定的な違いがあるはずです。

しかし、多くの場合は何も疑問を持たず、ああ、治る人は治る。奇跡を起こした人がすごいんだ。自分はそんなことは分からない。信じない。そう思う方がほとんどです。

盲人の目が開いた。歩けない人が歩けた。病気が癒えた。それを奇跡と称しますが、私の体験から言わせると当然のこと、当たり前のことです。

本人が本当に心の底から治りたい。自分の目で見て自分の人生を新たに生き直したいという、内なる願望が強いエネルギーとなってほとばしり出た時には治るのです。

イエスによって歩けるようになった人も、実際はその人自身の歩きたい、もうこれ以上人の世話にはならず自分の力で歩きたいというその叫びが、イエスの真理と見事に同調して、自分の力で奇跡を起こしたのです。

他の人たちはなぜ起きなかったのでしょうか？　それは疑いです。イエスは素晴らしいと人は言うけれど、どこまでが本当なんだろう。自分は治りたいけれど治るだろうか。このように疑っている。奇跡を起こしたいのに自らの力でそれを否定してしまっている。せっかく奇跡を起こすチャンスを自らの力で断ち切ってしまっている。

本来、奇跡は、誰でも平等に起こすことが出来るのです。

奇跡を起こすために、知識や常識は必要ない

二十世紀は物質文明が発達した時代です。どれだけお金を持ち、どれだけ大きな家に住み、どれだけ名誉や権力を持つかが二十世紀の常識的な価値観でした。簡単に言えば物質優先主義です。お金や物を多く獲得すればその人は成功者であ

り偉人である。物質優先の価値づけが当然とされ、その常識に基づいてさまざまな物が作られ、原爆が作られ、ミサイルが作られ、化学兵器が作られました。

しかし物質文明が発達すればするほど、私たち一人一人は自分の力をどのように使っていいか分からなくなりました。この世の中にあってどの方向に力を発揮したらいいかを見失いました。自分の存在価値が分からず、物質社会に対して自分は何を成すことが出来るかを見出せなくなったのです。

自分が考えなくてもコンピューターがしてくれる。軍がしてくれる。大統領がしてくれる。政治家がしてくれる。私たちは依存することに慣れてしまいました。そしていかに知識を詰め込むか、いかにたくさんの情報を手に入れるかによって、自分たちの価値が決められると思うようになってしまいました。

依存心や知識からは、奇跡は絶対に起こり得ないのです。自分の内なる知恵、内なる声、内なる真理のメッセージが奇跡を起こすのです。奇跡にとって知識が邪魔になっている。常識が邪魔になっているのです。

皆様も自由に、自分の思う通りに生きていかれるのです。本当にこう生きたいのだ。こうなりたいのだ。こうしたいのだ。そのような想いが自分の中から湧いてくれれば、真理と出合った時に奇跡が起きるのです。すべての人の中には神の無限なる叡知、無限なる治癒力、無限なる直観力、透視能力や予知能力もあるのです。

人類一人一人は、平等にそれを持って今生に誕生してきています。それを使おうとはせず、自分自身を知ろうとしないだけです。そして他の人に目を向け、あの人は仕事が出来る、素晴らしい人だ、優秀な人だ、有能な人だと思う。

しかし、どんなに優秀で有能であっても、自分の心を磨かなければ自分の無限なる叡智は出てきません。「バカだね」という言葉が口をついて出たり、罵《ののし》りの言葉が出たり、憎しみや怒りや人を差別する言葉がそのまま出てくるようでは、どんなに有能で知識があったとしても、必ずやその人は、それなりの人生を歩むことになるのです。

「成功してやりたい」「成功するんだ」「やるんだ」「人からうらやましがられるんだ」「大きな家に住むんだ」「財産・金を得るんだ」という念力で、一時は自らの願望が叶うかもしれない。確かにそれでも叶うけれど、念力は金メッキのようなものです。一見、金のように見えても金メッキは別の金属の上に金をかぶせたものですから、使えばいつかはがれるのです。

自分の念のエネルギーを偽りや欲望に使ってゆくとどうなるのでしょうか？エネルギーは生命力ですから、自分の生命力をどんどん注ぎ込んでいけば、自分自身の生命力が削り取られて希薄になります。

本来、人間とはそういうものではない。本来は善そのものなのです。神そのもの、光そのもの、真理そのものなのです。そのことに気づいた時、神の無限なるエネルギーが自らに豊かに流れ入ってきます。それは生命力をますます活性化し、奇跡のようなことを実現させる力となるのです。

そのように申し上げると、至らない自分、汚れている自分が奇跡など起こせるはずはないと思われる方もいらっしゃることでしょう。人は自分を素晴らしいと言うかもしれないけれど、私は過去にこういう罪深いことをした人間だ。顔ではスマイルしているけれど、心の中には醜いことを考え、相手に嫉妬する自分が存在している。そういう自分が許せない方もいらっしゃることでしょう。

しかしそのような方が真理と出合い、真理を体験してゆけば、すべては変わるのです。「世界平和の祈り」「印」[注6]「マンダラ」[注7]は知識ではなく、真の自分を体験する道具なのです。どのようにして真理を自分の中から表わしていくか。どのようにして困難な状況を覆す力を自分の中から引き出すか。これが「世界平和の祈り」であり「印」であり「マンダラ」なのであります。

自分の心を磨き、素晴らしい自分自身を築き上げるための道具であるからこそ素晴らしいのです。いかに早く仕事が出来るか、いかに早く金もうけが出来るか、いかに早く成功できるか……というような物質文明の利便性のみを求める道具は金メッキと同じです。

二十一世紀は大きく変わらなければいけません。常識を変えていかなければいけません。変えていく力のある方から、真理がわかっている方から、この世の中を変えてゆくのです。

内なる力を発揮する秘訣——責任を持って自己選択する

誰でも奇跡は起こせるのです。自分を信じることが出来れば。しかし多くの人は自分を信じていないのです。私たちはなぜ自分を疑ってかかるのでしょうか？　自分には出来ない、無理だと思ってしまうのでしょうか？ほとんどの人がそう思って、自分のやりたいことを断念してしまっている。

そうではないのです。皆様は出来ないのではない、一歩前に進むことを選択せず無難な道を選んだのです。常識の道を選んだのです。世間の目を気にして決めたのです。

私は長い間「不可能はない」と言いつづけ、語りつづけてきました。本当に不可能はないのです。あるとしたら不可能と自分が思った時、それは不可能になる。自分の思った通りに人生を創造していく、そのような可能性を私たちは常に発揮しつづけているのです。

人生とは何か。どうして今の環境、今の運命が築き上げられたと思いますか？　夫が築いたのですか？　子どもが築いたのですか？　周りの人が築いたのですか？　そうではありません。どんな人も、自分自身で人生を築き上げてきたのです。

このような話を聞くのはつらいなと思われる方は、あとで良い方法論を申し上げますからお聞き流しください。

今の環境は、自分が築いてきたものです。それを認めたくない方もあるでしょう。今の状況が苦しい、夫に、妻に、社長に、友人に無視され、軽蔑され、馬鹿にされた。あの人さえいなければ、あの状況さえなければ、今の自分はなかった。あの人と結婚さえしなければ、子どもが出来なければ……。

誰もが自分の人生に対して自分で責任を取りたくない。しかし、もっと強くなってください。もっと真理を見てください。もっと恐れないで、不安に思わないで、自分の心の中を見てください。人生とはすべて一瞬一瞬が選択、決断、決定の連続なのです。

一つのことを選択するにはいろいろな条件があったことでしょう。例えば今の結婚は、上司から持ち込まれたお見合いだったかもしれない。自分の親に「もうそろそろ結婚しろ。バックグラウンドも、経歴も、顔も、全部いいから、これを断るなんてお前はバカだ」と言われたのかもしれない。

世間が何と言うか。選択の前にあらゆる条件が並べられるのです。どんな小さなことでも、食べるものでもそうです。どこへ行くかもそうです。さまざまな条件の中からどれか一つを選ぶ、些細な小さな選択の連続が人生なのです。

しかし、そのすべては自分で決めたことです。たとえ社長の命令で断り切れなかった。親があまりにも言うから。だがそれは社長のせいでも親のせいでもない。

拒否する自由が、拒否する権利が、私たちにはみな平等に与えられていたのです。拒否という選択権を選択することを拒否した。……こう言うと、なんだか面倒くさいですね。

つまり世間の常識に従った。世間の常識の範囲のものを選択した。そして決定して結婚したのです。

どんな選択も、自分の意志で選んだことです。しかし、その選択によりもたらされたどんな不調和も無駄なことではありません。どんな選択をしても、その選択によって現われてくるさまざまな現象のすべてを自分の学びとして受け取れるような姿勢、知恵があるならば、その人は素晴らしい人間として、自分の人生を立派に築いていかれるのです。

しかし、その自らの力を発揮せずに、他に依存してしまう二十世紀の考え方が、このまま二十年、三十年と続いていったら地球も人類も破滅します。これを覆すのは人類一人一人の意識レベル、真理の気づき、目覚めにかかっている。出来る人たちからやっていくのです。コツコツと、日頃の習慣を覆していくのです。

過去に把われたエネルギーを、未来に向ける

何事もやろうと思えば出来るのです。素晴らしい人生、輝かしい人生を築き上げるには、人に頼ることは必要ない。人に依存することも必要ない。日頃の習慣を変えるだけでよいのです。

では、どのように変えるのか。それが「世界平和の祈り」「印」「マンダラ」です。そして常に光明の言葉を使いつづけること。それだけで人生は変わります。自分本来の素晴らしさに目覚め、奇跡を起こすことが出来るようになるのです。

なぜ家族が不調和なのか。なぜ夫婦がうまくいかないのか。なぜ子どもが反発

するのか。なぜ友人・知人とうまくいかないのか。それは人との接し方に問題があります。

習慣的に否定的な想いが出てくる。批判や非難や人目を気にする思いで自分の心をいっぱいにしてしまう。自分が出来ないから、無理だから、人が出来ることに憎しみを感じる。嫉妬を感じる。競争心を感じる。それでは相手とうまくゆきません。

戦争もそうです。自分の国を豊かに、自分の国のみが平和に暮らせるため、相手の国がどうなろうと関係ない。相手の国の子どもたちが死のうが全く関係ない。自国だけが幸せで、豊かで、有利に暮らせるように……こんなに低次元意識では世界は変わりません。

ですから私たちは、まず自分を信じることです。自分を疑わないことです。どんな罪も本来、もう赦されている。やったことはすべて宇宙神や神様からすべて赦されている。神様はすべてご存知なのです。

それを言い訳したり正当化する必要はない。過去のことにこだわりつづけることほど愚かな生き方はありません。過去にああしてしまった。こうしてしまった。あの時ああしなければよかった。悪いことをした。私はなんて悪い人なんだろう。相手はどう思っているだろう。今の瞬間を、過去のことにこだわりつづけることに費やしてしまう。

その想いのエネルギーが未来の人生を創造していくのです。

未来を創る貴重な瞬間を全部、過去の悔いのみに、裁きのみに使ってしまう。未来にまだ起こってもいないことを心配するのは無駄です。その心配が未来の人生を創造するエネルギーになるのです。今この瞬間、しなければならない、考えなければならないのは自らの叡智を引き出すことです。あらゆる選択の中から素晴らしいことを選択し、決断し、決定するべきです。

すべては、この瞬間あなたが何を選択するかです。今の瞬間のエネルギー、自分の大切な生命エネルギー、すべてを創り出すエネルギーを取り越し苦労に使い込むべきではないのです。

嘆くことも、悲しむことも、怒ることも、憎むことも、全部エネルギーです。一日中、さんざん爆発的に怒ったら、自分の生命エネルギーが削り取られて疲れてしまうでしょう。

悲しむこともそうです。毎日毎日悲しんでごらんなさい。生きるエネルギーもなくなります。多くの人は自分の尊い生命エネルギーを無駄なところに使い果たしてしまっているのです。

反省は必要です。しかし一回、短く反省すればそれでいいと五井先生はおっし

すべてのことは、ありますか。

ゃっています。どのような悔いも、どのような過ちも、どのような罪も、すべては世界平和の祈りで赦されるのです。それらは本来の自分が犯したことではない。本来の自分とは太陽そのものです。その太陽を真っ黒な雲（否定的想念）が覆うと太陽はふっと見えなくなります。しかし覆い隠されているだけで太陽がなくなったわけではない。どのような人の中にも光り輝く魂、真理、叡知、愛が存在しているのです。太陽を隠している黒雲を見て、自分は暗黒だ、自分は台風だ、自分はカルマだと思い込んでいること自体が間違っているのです。前生の因縁、過去の過ちや悔い、罪、否定的想念を本当の自分だと信じていること自体が間違っているのです。

人はみんな自由に生きられるはずなのに。
すべての人に素晴らしい創造力が与えられているはずなのに。

それを発揮せず、悔いのみにエネルギーを使ってゆく。
それも選択決定です。ですから、今の瞬間、その選択はやめよう！　取り越し苦労もやめよう！　過去に把われるのはやめよう！　「世界人類が平和でありますように」を選択するのです。

自分だけではなく人に対しても、過去に把われるのはやめましょう。自分の過去も人の過去も手放してあげましょう。あの人が嫌なことを言った。でも、あの人も本来は太陽のように光り輝いているんだ。カルマの雲を見るのはやめよう。太陽を見よう。　あの人の天命が完うされますように……と祈れたなら、その祈りは自分の未来を輝かせ、人の未来も輝かせるエネルギーになるのです。

今からでも決して遅くはない、人を褒めることを習慣に

否定的な言葉——人を差別する。人を批判する。人を軽蔑する。人を馬鹿にする。それはみんなが言っていることだから、悪いことだとは思わず、口をついて出てくる。

しかし、その自分の否定的な言葉により、自分の聖なるエネルギーはどんどん失われてゆきます。悪い言葉によって自分の生命力を削り取られ、どんどん光を失いながら、人はそれらの言葉を発しているのです。

同じ言葉を話すなら、生命力を高めていく言葉のほうがよいと思いませんか。それはどのような言葉でしょうか。例えば愛の言葉、感謝の言葉です。「あなたの存在は尊い」「有難う」。どんな夫でも、どんな子どもでも、周りの人でも、感謝し、その存在を認めてあげ、讃えてあげる。愛の言葉、赦しの言葉、感謝の言

葉は、相手のエネルギーになるだけでなく、自分の生命エネルギーをもっと豊かに、もっと素晴らしいものに、もっと大きいものに、自らの力で変えていくのです。

今からでも決して遅くはありません。自分の人生を素晴らしいものにしたければ、人が喜ぶ、人が幸せになる、人が勇気を得る言葉を話すのです。それは素晴らしい体験になります。自分の口を通して、真理の言葉、魂の言葉を聞くことなのですから。「出来るわよ」「やってごらんなさい」「あなたは素晴らしい」。相手のいいところを見つけてあげて、誉めてあげて、力を与えてあげる。

言われた人は人生が変わります。言って差し上げた人も、批判をするよりもずっと気持ちがよい。なぜなら、自分の生命エネルギーが削られるのではなく、生命エネルギーや光がどんどん入ってくるのですから。

褒められた人も褒めた人も嬉しいはずです。なぜなら、魂は本来、常に愛のひびきでつながっているものだから。ところがマイナスの言葉は反発しあうからみじめになるのです。

どんなことを思ってもよい、最後に「世界人類が平和でありますように」をつける

最後にもう一度申し上げます。奇跡は起こせるのです。どんな人でも奇跡を起こすことが出来ます。絶対に、どんな状況にあっても出来るのです。今まではやろうとしなかっただけです。

これからやろう。一歩踏み出そう。条件が満たなくても、自分に能力がなくても、お金がなくても、人がついて来なくても、人が何と言おうとも、自分の中からやりたい、してみたいという意識が湧き上がってきた時、自分の責任で心からそのように決断しつづけていくと、自分の意識エネルギーによって、それに伴う

お金、助人が現われる。そして出来るようになるのです。

奇跡は自分の中にある。生命エネルギーを全開して、一つの目的に全エネルギーを集中するのです。このような生き方をすれば、余計な非難や批判や嫉妬などといったマイナスエネルギーに、自分の生命エネルギーを使わなくて済むのです。

ですから素晴らしい人生を生きるためには自分の人生の目的を持つということ。目的に向かって生きつづけるということ。そのための選択を、自分で責任を持ってしつづけるということです。

大きな目的を持ち、小さなステップをクリアしながら目的地へ到達していく。生命エネルギーを全開にして奇跡を起こすためには、マイナスな言葉、マイナスな想念を排除してゆくことも必要です。

日々、心に湧いてくる否定的想念……無理だよ。だめだよ。出来ない。辞めちまえ。お前の能力が……それを自分で排除するのです。そのための方法が「世界人類が平和でありますように」です。否定的想念が出ても、最後に「世界人類が平和でありますように」と祈る。それにより、あらゆる否定的想念は消えるのです。

「世界人類が平和でありますように」の中には自分自身も入っている。そして、自分を愛してくれない人、憎い人、友人、知人も入っている。絶対あの人なんか祈ってやらない。あいつなんか幸せにならないで死んでしまえばいい。そういう人の名前も入っている。「世界人類」ですからね。

世界人類が平和でありますように
世界人類が幸せでありますように
世界人類それぞれの天命が完うされますように
守護霊様ありがとうございます
守護神様ありがとうございます

人類のために祈りを棒げ、時間を捧げ、エネルギーを捧げているということは、ポジティブな真理そのものの生き方です。

何も悔いることはない、今さら過去を責める必要もない。「世界平和の祈り」で全部消える。「我即神也」「人類即神也」で消えるのです。

ですから、パッと卑しい言葉、憎い言葉、復讐の言葉、報復の言葉が口から出たら、世界平和の祈りを祈るか、〇〇さん即神也と、その一言を言えば、マイナスの言葉は消滅します。そして愛の光となって相手に届きます。愛の光が届けば、自分の人生も光り輝いてくるのです。

奇跡というのは、どんな人でも起こすことが出来るものです。誰もが予知能力も透視能力も叡智も備えている。しかし、私たちはそれを使わなかった。昔の人やその土地土地の先住民は、今もその能力を使っています。十キロ先のことを聞くことが出来る。風の速さを知ることが出来る。方向を知ることが出来る。誰が来るかを知ることが出来る。それらは本来、誰もが出来ることです。

しかし物質文明文化によって、私たちはその能力を必要としなくなった。電話でも、コンピューターでも、占い師でも、自分の力を出さなくても教えてもらえるようになったのです。

人は自分を信じることで奇跡を起こせるものなのです。皆様、どうぞ「世界平和の祈り」を祈って、誇りを持って生きていってください。

私ははっきり断言できます。祈っている人は幸せになっている。みんな輝かしく生きている。そして尊厳をもって生きている。誇りをもって生きている。それは、「世界人類が平和でありますように」と祈り、実践しつづけている成果であります。

そして人のために生きることは、自分のために生きることになるのです。

因果律を超える

（二〇〇四年二月十日　高松講演会）

祈りに力はあるのか？

どのような状況が自分の前に現われてこようとも、それを解決する能力が人間一人一人の中に宿っています。それは人間本来の根源の力です。根源の力があるからこそ人は生きられるのです。

生きるということは、ただ食べて排泄していることではありません。適当に人に聞いて、適当に上手くやりこなして、人生をのらりくらりと生きるためにこの世に存在しているわけではないのです。

自分の人生を築くのは、AさんでもBさんでもCさんでもない。自分の人生は自分の力で築き上げていく。そのことを知るために宗教が存在しています。

今までの宗教は祈れば病気が治る、祈ればお金が入るというものが多かったと思います。しかし「祈れば何々する」というのは本来の祈りではありません。祈れば解決するのなら誰も悩みなどないはずですが、実際には祈っているのに未だに平和は来ない。自分の幸せは来ない。

祈りとは一体何なのでしょうか？　祈りには力がないのでしょうか？

祈りには力があるのです。

祈りはエネルギーです。

祈りは神と通ずる一つの素晴らしい力です。

しかしその祈りを、人類が間違った方向にコントロールしてしまったのです。

無駄な言葉を慎むだけでも人生は変わる

私たちはなぜ不幸なのでしょうか。なぜ苦しむのでしょうか。なぜ人は自分の存在を認めてくれないのでしょうか。なぜ自分を尊敬してくれないのでしょうか。これだけ自分は博識なのに、なぜ自分は人から憎まれるのでしょうか。

私たちは知らないうちに真理を見失ってしまいました。知らないうちに罪を犯してしまいました。一人一人誰もが同じ道を歩んでいる。間違った道、真理から外れた道を歩んでいます。

知らないで犯していることとは何か。私たちは油断すると無駄な言葉を使っています。使わなくてもいい言葉を、言わなくてもいいことを、時間を費やして着々と語っています。しかもその言葉がどんな力を持っているか、どんなに自分に影響があるか、そしてどれだけ周りの家族や友人に影響していくかを知らずに語っているのです。

無意識に語っている無駄な言葉とは何でしょうか。
まずは利己的な言葉です。本来、人は自分について語る必要はないのです。自分は悲しい。自分はどれだけ苦労してきたか。自分はどれだけ貧乏をしてきたか。自分はどれだけ病気にかかったか。自分はどれだけ大変だったか分かってほしい。しかしそれを聞いている周りの人は、何と答えたらいいでしょう。一回や二回はいいです。やがて三回や四回となり、これが毎日続いたら周りの人は困ってしまいます。辛かったわ。腰が痛いわ。肩が痛いわ。こういう自分についての言葉を、出来るだけ語らないように出来たら素晴らしいことです。

それから憎悪や憤りの言葉も語らないほうがよい言葉です。無意識に語っている憎しみ、怒り。そうした言葉は、テレビで芸能人も語っているし、政治家も語っているし、学者も語っています。ですから私たちはそれが別段悪いとは思っていませんが、その何気ない言葉にも力は込められています。

それから噂話もそうです。噂話にあの人は素晴らしいわね、尊敬に値する人ね……そうしたよい話はほとんどありません。むしろ、どうしてあの人が賞を取ったの。あの人は絶対に整形手術よ。なにあの洋服は……という話が多いのではないでしょうか。そう語ることによって、自分自身の中に抑圧されていた鬱憤《うっぷん》が出て解放感を覚えるため、人はつい語ってしまうのです。人を批判し、害することで、自分の心のどこかに安堵感が生まれ、自分を楽しい気持ちにさせてしまう。

しかし、それは一時的なものであって、語った言葉はいつか自分に返ってくるのです。

運命というのは、このようにして自分が築き上げているのです。自分の生きる道、導き手というのは常に他人ではなく、自分自身であるのです。自分で自分を導いていく。自分が自分の人生の主人公であるという、この一番大事なことを忘れてはいけないのです。

自分で自分を導く

どんな状況にあっても、自分の人生は自分で導いてゆくものです。こういう考え方が定着すると、だんだん自信が湧いてきます。まず人に聞く前に、誰かに訴える前に、自分の苦しみや悲しみを口にする前に、自分で冷静にそれを受け止めて、自分のどこが悪かったか、どこが良くなかったかを考えるようになります。するとそうだ、これは相手を責めてはいけない。相手のせいではないと気づき、自分自身が立派にそれを消化して、解決して、自らレベルアップしていくのです。

それらを解決していくベーシックな人間の生き方を教えてくれるのが宗教なのです。宗教とは真理の道です。真理とは法則です。神そのものの生き方を学び取って、日常生活に現わしていくことです。

その日常生活のあらゆるものを一つ一つクリアしていくために「世界平和の祈

り」があり、「印」があり、「マンダラ」があります。祈りながら、印を組みながら、マンダラを描きながら自分の力で努力してクリアしていく。すると自分自身の輝かしい人生が運ばれていくのです。

自分の人生の導き手は、神でもなければ夫でもなければ子どもでもなければ先生でもありません。自分自身であります。自分自身が自らを導いていく、これが原点なのです。ですから、人に頼らないように生きていく。それが、私が世界中を巡って話している一番のメインテーマです。

頼れば頼るほど自分の力が奪われていくということ、これも法則です。一つ頼ってしまったら、頼った分だけ自分の力を相手にあげているのです。そして頼ることによって自分は小さな人間、力のない人間、どうしようもない人間に変わっていってしまう。

しかしその時に、誰かに頼らず自分で一つ一つ解決すると、自分が強くなっていく。自信が出てくる。本来の自分に一歩近づくのです。ですからどんな経験であっても恐れないで受けることです。

どうにもならない心を自分で統率する

人間の心というものは実に複雑に出来ておりまして、意識しようがしまいが、自分が欲することを求めていくものです。そして心が欲するものを引きつけた結果が、今の人生なのです。これも法則です。自分が欲するものは必ず自分に引きつけられる。

しかしこのように申し上げますと、自分は不幸を欲しない。病気も欲しない。貧乏も欲しない。それなのに私は不幸になるし、病気になるし、貧乏になる。おかしいではないか、と思われることでしょう。

これは欲しないと思っている心が実に複雑に、自分自身の心をも騙《だま》すのです。

自分の想いをも騙しているのです。自分は不幸を欲しない。貧乏を欲しない。病気を欲しない。しかしその心の奥底で貧乏を恐れ、貧乏を認めてしまっている。病気になるのではないか、という恐れがある。それでも幸せであるように、お金持ちになるように、自分で出来るだけそちらに想いを向けようと思うけれど、意識は不安のほう、否定的なほうへとどうしても傾いていく。水が高いところから低いところに流れるように、人間の心も否定的なほうへと簡単に落ちてしまうのです。

疑いの心は放っておけば疑いを呼びます。周りの人を疑います。そして自分自身をも疑うようになります。疑いや不信の念が心の中に一杯あると、自分がこういうふうに生きたいと思っても、もう一つの心が疑ってしまうのです。いや、裏切られるかも知れない。病気になるかも知れない。私にはこんなことは出来ない。私にはその能力がない。不可能だ。無理だ。

そのような否定的な想念が自分の心を一杯に満たすと、病気にならないように
と思いながらも、私は健康だ！　という確かなエネルギーが湧いてこず、病気に
把われてしまうのです。病気にならないように思おう、思おうとする。その反面、
病気を恐れている力のほうが強く、無意識に病気を認めてしまうから病気が引き
つけられる。

このように人間の心は複雑です。思いたくなくても、それを思わないようにす
るのは難しいものです。そのようなところに「世界平和の祈り」や「印」や「マ
ンダラ」があるのです。

因果律を超える印

印についてお話ししてみたいと思います。

印は因果律を超えるものです。自ら放ってしまった言葉、想念といえど、それ

らが縁を結ぶ前に、結果として現われる前に消し去ってしまえば因果律を超えることが出来ます。

自分がしたことは必ず自分に返ってくる。これは真理の法則であり、原因・結果の法則です。この考え方は東洋哲学の中にも入っておりますし、キリスト教にも蒔いた種は必ず自分で刈り取らなければならないという言葉があります。仏教でも輪廻転生、因果応報と言われております。どの宗教も説いている法則です。自分が創った原因は、結果として必ず自分の人生に現われる。自分が蒔いた種は、必ず後で結果として現われてくるのです。

では、どうすればよいのか。鉛筆で間違えた場合は、「ああ、間違えた」と言って消しゴムで消せばいいけれど、想いは何で消せばよいのでしょうか。

自分が吐いてしまった言葉は――もちろん気が付いた時には謝ればいいのです。

その人にごめんなさい、私が悪いことをしましたと言えば済みますが、もしその人が逆上して立ち去ってしまったら。追いかけて行くには遅すぎた。自分自身がやりきれない。そういう原因を蒔いてしまった。あの人にも悪い言葉を使った、あの人には残酷な言葉を使った。このように、放ってしまったものをどうやって消すか。

それが結果として現われて来る前に消し去ってしまえば、因果律の応報を超えることが出来るのです。

自分の因果関係を超えて、自分独自の新しい運命を創造し、変化させてゆく。その因果律を超える強力な方法が印なのです。

印とは神の真理、神の光明、神の叡智と結ばれるための方法です。印を結ぶことによって、自分が蒔いた原因が消し去られます。神様に頼んで、人に頼んで、私の罪をどうぞ許してもらえるようにと働きかけて自分の原因を解決するのではありません。

印というのは誰に頼む必要もない。自分自らが自分の印を通して神の道、真理の道、大光明と結ばれるのです。印の大光明エネルギーが自分の誤った生き方を光に変えて、人に放った言葉をパーッと見事に消してゆくのです。過去の言葉も時間空間を超えてパーッと光に変わるので、その人自身も受けた言葉や想念から解放されて、喜びや赦しの行為に変わるのです。

人類はみな自分自身であらゆることを解決していく、それだけの力強く崇高な道を生きることが必要なのです。

そのような生き方に導いてくれるのが印です。因果律を超えるための決定的な方法が印です。印を組むことによって、過去に放った悪因を自ら消していくことが出来るのです。

印を結ぶことによって、今まで絶対に不可能であったことを可能にする、唯一絶対なる神の無限なる光と結ばれるのです。そして印は、自らを救うことが出来ると同時に、人類を救うことが出来る偉大な働きを持っています。

印を組むことによって、自らが光明を発すると同時に、人類が発した残酷な想い、復讐の想い、宗教を批判する想い等のあらゆる想いを同時に消し去ってくれるのです。

印は一見、易しいようで大変難しい。なぜならば、呼吸法、間、目の位置、手や指の角度、速度、気、集中と言った要素が、自ずと必要になってくるからです。角度が少しでもずれてくると的から外れてしまう。それは弓を引く時、的の中心点に矢を突き当てるために集中力や訓練、呼吸法が必要なのと同じです。

あそこに矢を射ると思ったら、的に意識を集中すると、その想いが中心点にパーッと注がれます。想いを放つのと弓を引くのと意識は全く一緒です。残酷な想いや憎しみの想いもパーッと相手に届きます。そして、自分が発した想いは消さない限り、次から次へと――石を湖面に落とした時、ポチャポチャと波紋が広がっていくように――なかなか治まらないものです。

その波紋が消えない限り、残酷な想い、憎しみの想い、不平不満の想いは周りの人に影響しつつ、最後に自分に戻ってくるのです。それらをすべて浄めるのが印です。

印は究極的には大宇宙の根源に通ずる道です。宇宙神と自分とが一つになる道です。

これからは印を組むことによって、三次元の法則に拘束されずにそれを突破して、自由自在に宇宙根源なる世界へと行き来する時代が近づいてきているのです。

不安な意識が平和な意識に入れ替わるマンダラ

意識を平和に変えるには、「マンダラ」も効果的です。「マンダラ」は自分の苦しみを逆に平和の意識に変えてしまいます。苦しみが——例えば「癌ではないか」という不安が沸いた時、小さな文字で渦巻き状に「無限なる感謝　肉体さんありがとう　一つ一つの細胞さんありがとう」と書き綴ってゆく。

感謝の言葉を何千回、何万回と繰り返し書き綴ってゆくうちに、自分の不安がマンダラの中で解消され、不安よりも感謝、感謝、感謝、感謝……が心に満ちてくるのです。

最初は不安がいっぱいで、感謝などすぐに忘れてしまうかもしれません。しかし、三ヵ月くらいかけて「マンダラ」を完成させると……「無限なる細胞さんありがとう　胃さんありがとう　肺さんありがとう　細胞さんありがとう　遺伝子さんありがとう」……書く言葉は好きな言葉でよいのです。それらを書きつづけているうちに、不安よりも書くことのほうが喜びになってきます。仕上げたいという目的が喜びとなって、その瞬間、不安を忘れてしまうのです。そして不安を忘れる時間が長くなればなるほど、不安は効力を失ってゆきます。

こうして地球世界感謝マンダラや光明思想マンダラを描きつづけ、その膨大な時間を感謝に使うことで、自分自身の不安は解消されます。書くことはエネルギーですから、そのエネルギーを通して他の人々にもよい影響を及ぼしてゆくというすごい効果があるのです。

自分が救われ、世界をも救う祈り

神が我々に与え給いし自由と創造力。我々はこの創造力を駆使して自らの自由なる運命を築くのであります。

私たちには解決する力があるし、その方法が与えられているのです。ですから、不安や恐怖から逃げることは、これから一切しなくて大丈夫です。未だ現われてもいない痛み、苦しみ、悩みについて考える必要もないのです。

その想いを光明なる想いに変えることです。

想いを自分から離して、自分が人類のために役立つ方法はないかと考えることです。人を幸せにしてあげたい、世の中を明るくしたい。そのような言葉を意識して語り、思えば、自分自身も良くなるし世界も良くなるのです。

それを行なっているのが「世界人類が平和でありますように」という私たちの祈りなのです。

これは、私たち自身が救われてゆくと同時に、多くの人類の幸せの道開きにもなっているわけです。「世界人類が平和でありますように」の中には、生きとし生けるものすべてが入っています。ですから「世界人類が平和でありますように」と祈ることは、自分自身のためにもなるし、自分がなかなか祈れない人の幸せをも導いていける。そして、その祈れない人をも「世界人類が平和でありますように」という言葉で光明、大真理の道に導き入れてしまうのです。

多くの宗教では、これをしてはいけない、あれをしてはいけない、祈りなさいと言います。しかし祈っても不安や疑いは出てきます。その不安や疑いをどうやって消すか。いくら祈ればいいと言っても雑念が出てきます。なかなか集中できないのです。

そういう時には呼吸法です。そして神とつながる印の動きです。それらを通して、自分は大丈夫だ、私は人類のために祈ったんだ、自分はいけない人間、罪深い人間だと思っているけれど、印を組み、人類の幸せを祈ることが出来た。「世界人類が平和でありますように」と祈ることによって自分は一瞬でも人のために役立つことが出来た。

そういう意識が湧いた時、自分は自分を虐《いじ》める意識から解放されているのです。そして喜びに変わっているのです。自分は役に立つのだ。自分には存在価値があったのだ。そして自分自身に誇りを持ち、自信を持って生きられるようになる。

自分を変えてくれるのは、自分自身以外にないのです。それが根本です。

政治が自分の人生を変えてくれる。宗教家が自分の人生を変えてくれる。自分の子どもがよくなったら、事故がなくなったら自分の人生は変わる。それは違うのです。一つ一つが変わっても、また次の苦しみを自分で創り、それが終わったらまた次の心配を抱えてしまう。これがネガティブな習慣の想いというものです。

真理を知りたいと思う人は、必ず真理と出合う時が必ず来ます。そして真理の道に則ったら自然に輝かしい人生が築かれてゆくことは確かなのです。なぜなら真理の道というのは、宇宙の法則であり、それに乗れば、必ず本来在るべき輝かしい世界へ導かれてゆくからです。

真理は難しくありません。複雑でもありません。本当にシンプルです。人が喜ぶ言葉を一言かけてあげる。心の中で習慣的に「世界人類が平和でありますように」と祈り、印を組む。そうすれば否定的な想念から解き放たれて、因縁因果を超えた人生へと変わってゆくのです。

それは人が与えてくれるものではなく、自分自身が創り上げていくものです。自分自身が導いていく道なのです。

今この時もコツコツと人知れず「世界人類が平和でありますように」と祈りつづけている人がいます。人類即神也の印を組みつづけている人がいます。光明思想徹底行のマンダラを描きつづけている人がいます。光明の言葉を唱えつづけている人がいます。そのような人たちが少しずつ、少しずつ世界中の人々の心の意識を変え、戦争をなくし、平和を導いている、尊い存在なのです。

自分が変わることによって人生も変わるし、家族も変わるし、周りも変わるし、世界も変わるのです。どうか皆様も、今日からご自分に出来ること、やってみようと思うことを始めてみてください。

注の参照　参考資料

注1　**世界平和の祈り**…この祈りは、五井先生と神界との約束事で、この祈りをするところに必ず救世の大光明が輝き、自分が救われるとともに、世界人類の光明化、大調和に絶大なる働きをなします。世界平和の祈りの全文は巻末参考資料の128頁参照。

注2　**無限なる光！**　…このように無限なる○○などの光明の言葉を想い、唱えることが光明思想徹底行です。これは、日常生活の中で、否定的な想いや言葉（ばか、のろま、くたばれ、間抜け、出来ない、難しい、無理だ、不可能だ…）を心に抱いたり、口に出したりした時に、即座に、光明思想の言葉を唱えるか、または、世界平和の祈り（「世界人類が平和でありますように」の一節だけでも構いません）を祈ることによって、打ち消す行のことであり、文章中では、（無限なる○○！）等と表記します。これを続けることによって、自己の心の中に潜んでいる否定的な想いが消えてゆき、やがて、その奥にある神性が顕現されてゆきます。（光明思想の言葉の例：無限なる愛、無限なるゆるし、無限なる調和、無限なる光、無限なる感謝、無限なる喜び……等、詳細は巻末参考資料130頁参照）

注3　**人類即神也**…人類即神也とは、人間は本来、神そのものであるという真理です。人類即神也の真理を表わした文章に「人類即神也の宣言文」があります。宣言文は巻末参考資料132頁参照。

注4　**我即神也**…我即神也とは、自分は本来、神そのものであるという真理です。我即神也の真理を現わした文章に「我即神也の宣言文」があります。宣言文は巻末参考資料131頁参照。

注5　**消えてゆく姿で世界平和の祈り**…消えてゆく姿とは、怒り、憎しみ、嫉妬、不安、恐怖、悲しみなどの感情想念が出てきた時に、それらは新たに生じたのではなく、自分の中にあった悪因縁の感情が、消えてゆくために現われてきたと観ることです。その際、世界平和の祈りを祈り、その祈りの持つ大光明の中で消し去る行のことを「消えてゆく姿で世界平和の祈り」

といい、この行を続けると、潜在意識が浄化されてゆきます。

注6　印…印には、さまざまな種類があります。著者が提唱した自己の神性を顕現させる「我即神也の印」と、人類に真理の目覚めを促す「人類即神也の印」は、国内外に広まり、多くの人々によって組まれています。この二つの印は、宇宙エネルギーを肉体に取り込むための、発声を伴った動作です。印の組み方は、白光真宏会のホームページ（http://www.byakko.or.jp/4_method/in.html）でご覧いただけます。

＊我即神也の印とは、自分を神にまで高める方法です。この印を組むことによって、宇宙根源のエネルギーを受け取ることが出来、自己変革が起こります。そして、自分が神であったことを思い出し、自分と人類と、大自然を含めたすべての存在が一つにつながっていることが実感できるようになります。

＊人類即神也の印とは、人類に真理（我即神也）の目覚めを促すために組む印です。この印を組むことによって、宇宙の根源のエネルギーが地球上に放射され、人類は真理に目覚めはじめます。

注7　マンダラ…マンダラには、さまざまな種類があります。著者が提唱した「宇宙神マンダラ」「地球世界感謝マンダラ」「光明思想マンダラ」は宇宙のエネルギーの発信源です。これらのマンダラを描くことによって、自分の希望する人生が創造できるようになります。また、人類に真理の目覚めを促し、地球の大自然、生きとし生けるものをよみがえらせてゆきます。マンダラは白光真宏会のホームページ（http://www.byakko.or.jp/4_method/mandala.html）でご覧いただけます。

世界平和の祈り

世界人類が平和でありますように
日本が平和でありますように
私達の天命が完《まっと》うされますように
守護霊様ありがとうございます
守護神様ありがとうございます

人間と真実の生き方

人間は本来、神の分霊《わけみたま》であって、業生《ごうしょう》ではなく、つねに守護霊《しゅごれい》、守護神《しゅごじん》によって守られているものである。

この世のなかのすべての苦悩は、人間の過去世《かこせ》から現在にいたる誤てる想念が、その運命と現われて消えてゆく時に起る姿である。

いかなる苦悩といえど現われれば必ず消えるものであるから、消え去るのであるという強い信念と、今からよくなるのであるという善念を起し、どんな困難のなかにあっても、自分を赦《ゆる》し人を赦し、自分を愛し人を愛す、愛と真《まこと》と赦しの言行をなしつづけてゆくとともに、守護霊、守護神への感謝の心をつねに想い、世界平和の祈りを祈りつづけてゆけば、個人も人類も真の救いを体得出来るものである。

光明思想の言葉

光明思想の言葉には、次のような言葉があります。

無限なる愛
無限なる調和
無限なる平和
無限なる光
無限なる力
無限なる英知
無限なるいのち
無限なる幸福
無限なる繁栄
無限なる富
無限なる供給
無限なる成功
無限なる能力
無限なる可能性
無限なる健康
無限なる快活
無限なるいやし
無限なる新鮮
無限なるさわやか
無限なる活力
無限なる希望
無限なる自由
無限なる創造
無限なるひろがり
無限なる大きさ
無限なる発展
無限なるエネルギー
無限なる感謝
無限なる喜び
無限なる美
無限なる若さ
無限なる善
無限なるまこと
無限なる清らか
無限なる正しさ
無限なる勝利
無限なる勇気
無限なる進歩
無限なる向上
無限なる強さ
無限なる直観
無限なる無邪気
無限なるゆるし
無限なる栄光
無限なる気高さ
無限なる威厳
無限なる恵み
無限なる輝き
無限なる包容力

我即神也《われそくかみなり》（宣言文）

私《わたくし》が語る言葉は、神そのものの言葉であり、私が発する想念は、神そのものの想念であり、私が表わす行為は、神そのものの行為である。

即ち、神の言葉、神の想念、神の行為とは、あふれ出る、無限なる愛、無限なる叡智《えいち》、無限なる歓喜、無限なる幸せ、無限なる感謝、無限なる生命《いのち》、無限なる健康、無限なる光、無限なるエネルギー、無限なるパワー、無限なる成功、無限なる供給……そのものである。それのみである。

故に、我即神也、私は神そのものを語り、念じ、行為するのである。

人が自分を見て、「吾《われ》は神を見たる」と、思わず思わせるだけの自分を磨き高め上げ、神そのものとなるのである。

私を見たものは、即ち神を見たのである。私は光り輝き、人類に、いと高き神の無限なる愛を放ちつづけるのである。

人類即神也《じんるいそくかみなり》（宣言文）

私が語ること、想うこと、表わすことは、すべて人類のことのみ。人類の幸せのみ。人類の平和のみ。人類が真理に目覚めることのみ。

故に、私個に関する一切の言葉、想念、行為に私心なし、自我なし、対立なし。すべては宇宙そのもの、光そのもの、真理そのもの、神の存在そのものなり。

地球上に生ずるいかなる天変地変、環境汚染、飢餓、病気……これらすべて「人類即神也」を顕すためのプロセスなり。

世界中で繰り広げられる戦争、民族紛争、宗教対立……これらも又すべて「人類即神也」を顕すためのプロセスなり。

故に、いかなる地球上の出来事、状況、ニュース、情報に対しても、又、人類の様々なる生き方、想念、行為に対しても、且つ又、小智才覚により神域を汚《けが》してしまっている発明発見に対してさえも、これらすべて「人類即神也」を顕すためのプロセスとして、いかなる批判、非難、評価も下さず、それらに対して何ら一切関知せず。

私は只《ただ》ひたすら人類に対して、神の無限なる愛と赦《ゆる》しと慈しみを与えつづけ、人類すべてが真理に目覚めるその時に至るまで、人類一人一人に代わって「人類即神也」の印を組みつづけるのである。

西園寺昌美（さいおんじ　まさみ）
祈りによる世界平和運動を提唱した故・五井昌久氏の後継者として、〈白光真宏会〉会長に就任。その後、非政治・非宗教のニュートラルな平和活動を推進する目的で設立された〈ワールド ピース プレヤー ソサエティ（国連NGO）〉代表として、世界平和運動を国内はもとより広く海外に展開。1990年12月、ニューヨーク国連本部総会議場で行なった世界各国の平和を祈る行事は、国際的に高い評価を得た。1999年、財団法人〈五井平和財団〉設立にともない、会長に就任。2005年５月、「Symphony of Peace Prayers ～世界平和交響曲　宗教・宗派を超えて共に世界の平和を祈る（SOPP）」を開始。2013年２月には国連総会議場で開催された「United for a Culture of Peace Through Interfaith Harmony（国連総会議長らが主催のセレモニー）」の中で「Symphony of Peace Prayers」が行なわれた。その際、SOPP提唱者としてスピーチを行ない、多大な賛同を得た。2008年には西園寺裕夫氏（五井平和財団理事長）と共に、インド世界平和賞「哲学者　聖シュリー・ニャーネシュワラー賞2007」を受賞。2010年には「女性リーダーサミット」で第１回目の「サークルアワード」を受賞。ブダペストクラブ名誉会員。世界賢人会議（WWC）メンバー。
『明日はもっと素晴しい』『我即神也』『世界を変える言葉』『果因説～意識の転換で未来は変わる』『日々の指針２―宇宙とともに進化する』（以上、白光出版）
『あなたは世界を変えられる（共著）』『もっともっと、幸せに』『無限なる幸せ』（以上、河出書房新社）　など著書多数。

発行所案内：白光（びゃっこう）とは純潔無礙なる澄み清まった光、人間の高い境地から発する光をいう。白光真宏会出版本部は、この白光を自己のものとして働く菩薩心そのものの人間を育てるための出版物を世に送ることをその使命としている。この使命達成の一助として月刊誌『白光』を発行している。

白光真宏会出版本部ホームページ　http://www.byakkopress.ne.jp/
白光真宏会ホームページ　http://www.byakko.or.jp/

人生と選択

平成二十五年七月二十五日　初版

著　者　西園寺昌美
発行者　平本雅登
発行所　白光真宏会出版本部
〒418-0102　静岡県富士宮市人穴八一二－一
電　話　〇五四四（二九）五一〇九
ＦＡＸ　〇五四四（二九）五一一二
振　替　〇〇一二〇・六・一五一三四八
東京出張所
〒101-0064　東京都千代田区猿楽町二－一－一六　下平ビル四〇一
電　話　〇三（五二八三）五七九八
ＦＡＸ　〇三（五二八三）五七九九
印刷所　株式会社明徳印刷出版社

乱丁・落丁はお取り替えいたします。
定価はカバーに表示してあります。

ISBN978-4-89214-205-5 C0014